Chili Verlag

Matthias Marschalt

Kunst. Kultur und Schizophrenie

Bühnentexte

chiliverlag

Bislang im chiliverlag erschienen:
Der Fisch ist Käse – Veggie? Voll logisch! (2012), nominiert vom VEBU zum Veggie-Sachbuch 2013
Pfeffrige Sünde – Habanero Red, Erotische Lyrik (2012)
Halt! Dich! fest! Im Labyrinth der Blindfische, Satire, Storys und Gedichte von 34 Autoren (2013)
Loser, Streber, Hirnis, Nerds – Vom Mobben, Lernen, sich Bilden (2013)
poesía del paraíso infernal – poemas y fotografías de la república dominicana (2013)
bis ans ende der zeiten, amen / sie ist ne domina (2013)
So (ne) Nette – Lyrische Poesie der Gegenwart im Sonett-Gewand (2013)
Sisypussy – Satirische Geschichten über Männer, Frauen und andere Desaster (2013)

1. Auflage Dezember 2013

franchili / 9

Detaillierte bibliographische Daten sind unter http://dnb.ddb.de bei der Deutschen Nationalbibliographie abrufbar.

Lektorat, Gestaltung, Layout: Franziska Röchter
Coverfoto und Innenfotos: Andreas Stegmann, Der Photoshop
Fotos Wortwäscherei: Anja-Vanessa Schöning, Fotostudio taoa

Printed in Germany
ISBN 978-3-943292-09-1

www.chiliverlag.de

Du bist der Marschalt dem alle vertrau'n
in der nachbar-verbalen Kriegsführung
bist du der schützende Maschidrahtzaun.
TATUSCH!

Felix Kaden, Slammer aus Erlangen

Inhalt

Vorworte

Vor Ihnen/euch liegt das erste Buch des Autors Matthias Marschalt. Und das ist gut so. Denn „Maschi", wie er seit Urzeiten nicht nur in Kreisen der zahlreichen befreundeten Menschen aus dem Literaturbetrieb genannt wird, „kann richtig was" – wie wir es hier in Westfalen kurz und knapp anerkennend zu formulieren pflegen. Maschi ist Schauspieler, Poetry Slammer, ernsthafter Dichter, humoristischer Dichter und er fährt einen Sportwagen. Und das schließt sich bei Maschi beileibe nicht aus. Und vor allem ist Maschi ein Mensch – und zwar ein sehr unterhaltender und zugleich tief empfindender, wunderbarer Mensch. Ich beglückwünsche alle Leserinnen und Leser dieses Buches zu der ausgezeichneten Wahl.

Karsten Strack, Paderborn
im Oktober 2013

Als ich gefragt wurde, ob ich diesen Band machen könnte, war ich etwas unschlüssig. Zum einen möchte ich nicht mit bekannten Poetry Slam Verlagen wetteifern, dann kannte ich Maschis Texte ausschließlich in gesprochener Form von der Bühne.

Ich besann mich meiner Haltung: dass das Einsortieren von Texten in Genres und literaturwissenschaftliche Schubladen nicht zwingend notwendig ist, wenn sie dem Leser Freude und einen Mehrwert bringen.

Die Beschäftigung mit Maschis Texten hat in mir sehr oft ein Lächeln und eine innere Erheiterung hervorgerufen. Sie funktionieren auch beim Lesen und machen Spaß.

Franziska Röchter, Verl
im November 2013

Die Eule von Lyon

`Eut stand isch ünschüldisch an einer Säule.
Schau in jedes Maul der zwanzisch Gäule.
Und fand bei einem gar Mundfäule.
Der Besitzer kam mit einer großen Keule.
Und schlug mir eine riesengroße Beule.
Es tat so weh, dass isch nun `eule.

Ich benötige, denn ich will selbst-
bewusst sein, Selbstbewusstsein.

Der Nachwuchs

Neulich traf ich ein junges Pärchen, Freunde von mir seit geraumer Zeit.
Doch irgendetwas schien anders zu sein. Die Frau wirkte plötzlich so breit.

Die beiden, sie strahlten, und wie sie da standen, verkündeten sie mit festlichem Ton,
endlich nun auch schwanger zu sein, voll Freude erwartete man einen Sohn.

Nur mit dem Namen täten sie sich noch schwer, ihnen fiele partout keiner ein.
Und nach „als rückgratlos zu gelten" ist es das Schlimmste, schlicht „namenlos" zu sein.

Die Mutter, sie wünschte sich was französischen Ursprungs, wie Gerald oder André.
„Naja", denk ich, „zum Glück nicht Traugott oder Ehrenfried", denn das tut beim Hinhör'n schon weh.

„Du bist doch kreativ", sagt sie, "und schreibst doch auch Texte, fällt dir denn da nicht etwas ein?"
Ich stand auf, fasste sie scharf in den Blick und sagte:
"Optimus Prime!"

Selbst überwältigt von diesem Vorschlag, schweifte ich in Gedanken daran ab.
„Optimus Prime". Was wär nur gewesen, hätte **ich** diesen Namen gehabt ...

Ja, das wär ein Name, denke nur einmal nach, ich hätte schon damals gewonnen.
Ich wär schon mit 5 Jahren der Anführer einer Bande, die sich natürlich Autobots nennen.

Spätestens mit 14 lägen die Frauen mir zu Füßen – und das wird sich bis 70 nicht ändern.
Ich wär der König der Kiste, der Superliebhaber in mindestens einhundert Ländern.

Eine Austrahlung, zum Führen geboren, kein Mensch könnte mir widerstehen.
So gewinnend, dass selbst Jürgen Klopp und Tom Cruise daneben wie saure Gurken aussehen.

Ein stattlicher Bursche, zwei Meter zehn groß, meine Muskeln wiegen 200 Pfund.
Ließe Luft in meine Lungen strömen und tauchte im Mariannengraben locker bis zum Grund.

Ich hielte Erfolgsseminare, wäre beliebt und begehrt, in der Weltspitze ganz oben dabei.
Bekäme jeden Tag irgendeinen Preis überreicht. An manchen Tagen auch mal zwei oder drei.

Durch nichts aufzuhalten, würd ich in unserer Welt das Böse in seine Knie zwingen.
Den Hunger ausmerzen, den Krebs besiegen und Emma Schweiger Schauspiel beibringen.

Gut, denke ich, nun hat diese Sache möglicherweise einen ganz kleinen Schluckauf.
Kann sein, ich geb's zu, es ist möglich, so ein Name baut bei Kindern vielleicht etwas Druck auf.

Vielleicht wird er nicht groß, vielleicht eher normal, vielleicht hört er gern Volksmusik.
Vielleicht hat er ne Sehschwäche, Statur eher schmal und statt Erfolg studiert er Politik.

Dann würden die anderen Kinder wohl lachen und sagen: „Kommt her und seht Euch das hier mal an!"
"Sein Name ist gleisnerisch Optimus Prime. Nur hängt da dieser Typ noch mit dran."

Und ist er im Bett vielleicht doch keine Rakete, geht mit Mädchen sehr schüchtern um,
dann halten sie ihn für langweilig und bald wissen es alle, denn so was spricht sich sehr schnell herum.

Er würde das nicht wollen und verfluchte jenen Tag, an dem seine Eltern ihn so hießen:
„Optimus Prime", welch eine Farce! Und fasst den Entschluss, sich zu erschießen.

Ein Ehepaar in Schwarz – so meine Vision – stützt sich, in Trauer und blass.
Der eichene Sarg wird hinuntergelassen, die Wiese vom Regen triefnass.

Der Pfarrer spricht noch ein paar tröstende Worte: "Sein Leben verging viel zu schnell ..."
Ich stoppte diesen Gedanken, sah meine Freunde an: "Wissta watt, nennt dat Kind doch Marcel!"

***

Wortwäscherei
Deutsche
Grammatik

Die Ex

Wir haben uns auf Fotos im Netz gesehen und uns dann geschrieben.
Uns kurz darauf sogar getroffen und es die Nacht noch getrieben.

Viel telefoniert, viele Emails versendet.
Keinen Gedanken an was anderes als an uns selbst verschwendet.

Wir haben getrunken und kräftig gefeiert.
Uns wurde dann übel und wir haben ... dann so getan, als müssten wir mal eben weg.

Wir haben getrauert und wir haben gelacht.
Nicht immer alles richtig, sondern auch `ne Menge falsch gemacht.

Wir haben gegrinst und natürlich auch geweint.
Vieles von dem, was wir sagten, dann doch nicht so gemeint.

KLUG waren die Sachen, die wir taten, selten.
Das sagten immer die anderen, doch von denen trennten uns Welten.

Du hast mir mehr Sex als Gespräche geschenkt.
Das war völlig ok, weil wir auch ohne zu reden wussten, was der jeweils andere denkt.

Uns später für eine gemeinsame Wohnung entschieden.
Zwischendurch gedacht: „Wär' ich doch mit meinem Arsch in MEINEN vier Wänden geblieben!"

Phlegmatiker und Choleriker auf engstem Raum zusammen.
Eigentlich die skurrilste Mischung, die ich mir vorstellen kann.

Meine Trägheit hat Dich wahnsinnig gemacht.
Trotzdem hab ich mit meiner Art auch alles auf den Punkt gebracht.

Auf Deine Cholerik antwortete ich immer mit Spott.
Was Dich zwar noch mehr auf die Palme gebracht, aber oft Schlimmeres verhindert hat.

Wir haben uns mehrfach getrennt aus fadenscheinigen Gründen.
Immer wieder versucht, den Funken neu zu zünden.

Letztendlich entschieden, es ganz zu lassen.
Und anstatt uns zu ertragen, uns lieber zu hassen.

Uns zu ignorieren, wenn wir uns sehen,
und uns in einem großen Bogen aus dem Weg zu gehen.

Wir haben uns sicherlich oft verletzt, doch das waren Schnittwunden bloß.
Du gabst mit Deiner Trennung mir den Todesstoß.

Und jetzt stehst Du da – vor unserem Beziehungsgrab –
und liest „Hier liegt, was ich mir mit Dir aufgebaut hab."

Doch ich holte mich trotz meiner Trägheit aus diesem tiefen Loch.
Habe nun Auto, Job, jede Menge Zeit. Was brauch' ich denn noch?!

Ich hab doch offensichtlich alles, was ich brauche.
Hab immer Zigaretten, wenn ich denn mal rauche.

Ausreichend Kohle. Bin niemals pleite.
Was mir wirklich fehlt?! Jemanden an meiner Seite.

Einen Partner, der witzig findet, was ich mache.
Eine Frau, die mitlacht, selbst wenn ich ÜBER SIE lache.

Die „Upps, die Pannenshow" zum Totlachen findet.
Sich auf `ner Party neue Freunde sucht und ihren Feinden die Stirn bietet.

Eine Partnerin, die meine beste Freundin ist.
Die freut, wenn wir uns sehen und wenn ich weg bin, mich vermisst.

Ich fand es schön mit Dir und das weißt Du schon ...
Du bist genau wie ich. Quasi mein weiblicher Klon.

Ich dachte mir oft: „Hey. Das mit uns beiden ... das passt."
Und dann hast Du mir bewiesen, dass Du `ne Schraube locker hast.

Mir gezeigt, dass Du nicht erkennen konntest, wie wertvoll unsere Beziehung war,
und kein Pärchen weit und breit so geil wie wir aussah.

Du hast mit mir einen Diamanten gefunden
und Du hättest mich besitzen können, fast.

Doch Du hast Deine Chance gehabt, mich verlassen, Dich nicht gebunden,
weil Du statt diesem Diamanten lieber Steine gesammelt hast.

***

Das Mammut

Es begab sich zu einer Zeit
Da waren die Tiere noch befreit
Von Menschen, die nach ihnen trachten
Sie um den Verstand und ihr Leben brachten

Ein kleines Mammut hüpfte fröhlich
Vor Papa her, sie sahen sich ähnlich
Und das lag lediglich daran
Dass man Gene vererben kann

Da rannte es auf einmal wie gestochen
Von Papa weg und der heißt Jochen

Dann stolperte das Kleine plötzlich
brach sich den Rüssel. Wie entsetzlich

Der Jochen rief noch voll Entsetzen
„Christof, nicht so durchs Eise fetzen!"

Der überhörte das ganz unverfroren
Trotz dieser riesengroßen Ohren
Und knallte, er konnte es nicht verhindern
Erst hart auf seinen Mammut-Hintern
Rutschte dann, ohne Macht zu lenken
auf einen Eisblock. Ihr könnt's Euch denken

Damit DAS nicht noch einmal passiert
Hat Jochen die Familie umquartiert

Sie machten eine Wanderung
liefen bei jeder Witterung
Das Wetter aber wurde milde
Sie kamen in wärmere Gefilde

Und dann sprach Jochen, man denkt's sich schon
Ein ernstes Wort mit seinem Sohn

„Der Kühlschrank wird erst noch erfunden
Ich hoffe, Du hast Dich überwunden
Dein Fell abzulegen. Es wird heiß
Also, in die Büsche mit dem Scheiß."

Nur zu Fuß, ganz ohne Gleise
Waren am Ziel der langen Reise
„Christof, Sohnemann. Wir sind da."
Um sie herum lag Afrika

So lebten sie dort, doch nicht sehr lang
Da diese Farce von vorn begann

Das kleine, dumme Mammut Christof
Hatte mal wieder nur eins im Kopf
Und zwar mit einem Höllenspeed
Zu laufen, bis er ins Stolpern geriet
Hämmerte, man glaubt es kaum
Ohne Wimpernzucken gegen einen Baum

„JETZT REICHT'S!" ruft Jochen, Christof fleht auf Knien
Bitte nicht noch ein weiteres Mal umzuziehen
Doch Jochen sagte fest entschlossen
„Du hast Dich selbst ins Aus geschossen

Und weißt Du, wo wir jetzt hingehen?!
Ich werd's Dir sagen: INDIEN."

Star Wars Lehren

HIER AM BADEMEISTERHÄUSCHEN STEHT DER KLEINE LUKE UND SUCHT SEINEN VATER

Star Wars war ja nicht nur stumpfer Science Fiction, von dem man sich berieseln lässt. Nein, durch Star Wars konnte ich tatsächlich eine ganze Menge lernen.

Ein Auszug aus diesen lehrreichen Dingen ist im folgenden Text zu hören.

Was lernte ich also aus Star Wars?

– Alte Jedi sterben nicht. Sie lösen sich einfach in Luft auf.

– Versuche nicht. Tu es oder lass es. Es gibt kein Versuchen.

– Traue niemals Männern mit schwarzen Helmen.

– Du hast möglicherweise Familienmitglieder in überraschend hohen Positionen.

– Lege niemandem Handschellen an, der größer und haariger ist als Du.

– Wenn Du bei einer Sache nur des Geldes wegen mitmachst, verbaust Du Dir möglicherweise die Chance, bei einer Prinzessin zu landen.

– Es gibt Schwestern und es gibt Freundinnen. Verwechsle die beiden nicht.

– Jedi bekommen nicht immer das Mädchen.

– Wenn Dir jemand sagt: „DAS IST EINE FALLE!“, glaube ihm!

– Wenn Du mit einer Prinzessin knutschst und ein Droide platz hinein, IGNORIERE IHN UND KNUTSCH WEITER!

– Parkst Du Dein Raumschiff, sei Dir sicher, dass es nicht im Magen eines riesigen Wurmes ist.

– Gehe unter keinen Umständen in irgendwelche Höhlen.

– Baue niemals eine geheime Basis in kalte, arktische Regionen.

– Wenn Du Deine Freunde warm halten willst, stopfe sie in ein totes Tier.

– Süße, knuddelige Teddybären könnten Dich lebendig essen wollen, bis Du ihnen beweist, dass Du zaubern kannst.

– Typen in schwarz sind die Bösen.

– Typen in weiß können ebenfalls die Bösen sein.

– Halte nach Falltüren Ausschau, wenn Du einen Bösewicht in seinem eigenen Haus besuchst.

– Ist Dein Schiff größer als eine Stadt, dann fliege nicht in ein Asteoridenfeld.

– In Carbonit eingefrorene Personen geben eine gute Wand-Deko ab.

– Habe immer eine R2-Einheit dabei. Die ist besser als ein Schweizer Taschenmesser.

– Wenn Du einen Todesstern baust und ein Bauernjunge macht ihn kaputt, baue einen neuen mit noch etwas weniger Verteidigung als beim ersten.

– Bist Du mit einer Frau unterwegs, die Du gut findest, wirke nicht zu überheblich. Sie könnte sich den nächstbesten Kerl schnappen, selbst wenn es ihr Bruder ist!

– Das SIND die Droiden, die ihr sucht, ihr Idioten!

– Vorurteile nicht über rüstige Menschen, sie seien alt und schwach. Sie könnten Dich mit Blitzen aus ihren Händen beschießen.

– Konzipiere einen Raum vor dem Bau so, dass er auf keinen Fall in der Mitte des Raumes einen tiefen Schacht hat, der in einen Nuklear-Reaktor mündet.

– Schwarz-weiße Rüstungen geben keine gute Tarnung im Wald ab.

– Bist Du allerdings im Wald gut getarnt, wird niemand den gold-blitzenden Roboter bemerken, den Du dabei hast.

– Wenn Du einen Laserschwertkampf austrägst, achte auf Deine Hände.

– Bevor Du jemanden tötest, stell sicher, dass er nicht Dein Vater ist.

– Unterschätze nie nie nie nie nie die dunkle Seite der Macht.

M

Der Zoo

Tick
Tack
Tick
Tack
Tick
Tack
Rrrrrrrrrt
Aufwachen.
Aufstehen.
Duschen.
Frühstück entfällt wegen Zeitmangel.
Anziehen.
Wohnung verlassen, Treppenhaus betreten.
Treppenhaus verlassen, Straße betreten.
Ins Auto steigen.
Zu Mark fahren, Mark abholen.
Zu Silvia fahren, Silvia abholen.
Zu Lara fahren, Lara abholen.
Zur Polizei fahren, Jens abholen.
Zum Zoo fahren.
Parken.
Eintrittspreise checken.

Ab 6 Personen Gruppenticket und damit Geldersparnis möglich.

Zum Auto zurückgehen, Rollstuhl und großen Plüschbären holen.

Plüschbär verkleiden, in Rollstuhl setzen und als 6. Person tarnen funktioniert.

Bekommen Gruppenticket.

Plüschbär bekommt zusätzlich noch Behinderten-Rabatt.

Außerdem ist Plüschbär 10.000ster Besucher und bekommt Preis.

Sind neidisch auf Plüschbär.

Keine 3 Minuten drin, alle haben Hunger.

Mark holt für alle Hot Dogs und Softeis.

Lara, Silvia, Mark, Jens, Plüschbär und ich holen Frühstück nach.

Ich esse ZWEI HotDogs und ZWEI Softeis, da Plüschbär sein Essen nicht anrührt.

Mark isst DREI HotDogs und DREI Softeis, weil er echt Hunger hat.

Starten gestärkt mit der Tour durch den Zoo.

Wechseln uns mit schieben von Plüschbär ab.

Fasane, Luchse und Ziegen sind SO langweilig, dass Jens beim Hängebauchschwein-Gehege anfängt, den Tieren zunächst Beleidigungen, später auch Steine entgegenzuwerfen.

Tierpfleger betritt das Gehege und brüllt uns an, das gefälligst zu unterlassen.

Bekommt von Jens erst Beleidigungen, dann Steine an den Kopf geworfen.

Zum Affenhaus gehen.

Jens schaut Schimpansen minutenlang in die Augen.

Scheinen sich auch ohne Worte prima zu verstehen, die beiden.

Parkwächter tritt an Mark heran und durchsucht ihn nach Steinen UND Beleidigungen, findet aber nichts und zieht weiter.

Jens hat sich in der Zwischenzeit mit Schimpansen zerstritten.

Schimpanse schmeißt seine Kacke durchs Gitter auf Jens.

Jens schmeißt seine Kacke durchs Gitter auf Schimpanse.

Sorgt für Erstaunen bei uns, den anderen Zoo-Besuchern und bei den Affen.

Parkwächter bekommt Tumult mit, betritt das Affen-gehege und durchsucht Schimpanse nach Steinen.

Einzug ins Reptilienhaus.

Jens versucht, in ein offenes Krokodilmaul Steine zu werfen.

Langsam fange ich an, mich zu fragen, wo Jens die ganzen Steine hernimmt ...

Mark ändert mit einem Edding das Schild „Aligator" in „BUNDESligator" und gröhlt: „Olee! Ole ole olee!"

Wollen weiter, Rollstuhl mit Plüschbär weg!

Suchen Plüschbär und fragen uns bei Zoo-Besuchern durch.

Wurde zuletzt mit einer Katze gesehen.

Gehen zum Info-Point und wollen ausrufen lassen: „Suchen Muschi mit Bär."

Man schickt uns weg.

Jens wirft mit Steinen auf den Info-Point.

Nach stundenlanger Suche kollektives Betrinken aus Frust und aus Sorge um Plüschbär.

Ziehen zum Delfinarium.

Silvia kippt besoffen von der Sitzbank.

Lara beleidigt Delfine.

Mark kotzt den Seehunden Hot Dogs ins Becken.

Jens schmeißt mit Steinen.

Werden rausgeworfen.

Treffen am Ausgang auf Plüschbär.

Fallen Plüschbär überglücklich in die Arme.

Torkeln zum Ausgang.

Torkeln zum Auto.

Machen uns auf den Heimweg.

Plüschbär fährt.

Da muss man keine spitze Ohren haben, um hinter die Logik dieser Sache zu kommen.

Das Tagebuch

19.Oktober 1995

Liebes Tagebuch. Ich heiße Randolf. Heute hab ich Dich bekommen und werde von nun an, dann und wann, in Dich hineinschreiben.

13.November 1995

Heute in der Schule Wörter mit möglichst vielen „O" gesucht. Marius, dieser dreckige Streber, hat „Orthopädie" gesagt. Da konnte ich aber drüber. Mit „oller Fotzenkopp"! Tja, da nützt ihm seine Hochbegabung auch nichts mehr.

29.November 1995

Mitschüler aus der 7c zeigt mir stolz seine Informatik-Hausaufgaben und sagt: „War voll einfach. Hab ich nur 3 Minuten für gebraucht." Erwidere: „Toll! Hab schon dreimal Sex gehabt ... heute ... Idiot."

29.Juli 1998

Eine Top-3-Liste erstellt, woran man Kalbsleberwurst erkennen kann:

auf Platz 3: am Geruch
auf Platz 2: am Geschmack
und auf Platz 1: am Namen
Kalbsleberwurst!

07. September 2001

Bekomme nächste Woche Urzeitkrebse. Bin schon voll gespannt. Hab aus meiner Wohnung schon entsprechend alle nun überflüssig gewordenen Uhren entsorgt.

10. September 2001 (3 Uhr nachts)

Meine Mama reißt mich höchst besorgt aus meinen tiefen Träumen und sagt, ich hätte vergessen, meine Schlaftabletten zu nehmen. Hab ich tatsächlich vergessen. Oh Mann, wenn ich Mama nicht hätte ...

13. September 2001

DIESE DRECKSKREBSE FUNKTIONIEREN NICHT! Schöner Mist! Wir haben Mitte des Monats und jetzt geht der Rest des Geldes für Uhren drauf! Obwohl ... die Feinunze steht zur Zeit bei 1300 Dollar ... Vielleicht investiere ich in Goldhamster.

06. Oktober 2002

Meinen Nachbarn im Basketball voll abgezogen und anschließend ausgelacht. Im zweiten Welkrieg die 8mm-PAK bedienen, sich nen Bein wegschießen lassen und jetzt nicht mal nen Ball in nen Korb werfen können. Kein Wunder, dass wir den Krieg verloren haben.

20. Oktober 2002

Gerade Führerscheinprüfung gehabt. Weiß nur noch nicht, ob ich bestanden hab. Muss erst warten, bis der Prüfer wieder bei Bewusstsein ist. Bin schon aufs Ergebnis gespannt.

04.November 2001

Bei Starbucks gewesen, Kaffee getrunken und eine Geschäftsidee ausgetüftelt. Ich werde überall im Land neben einer Starbucks-Filiale einfach eigene Filialen aufmachen, in denen ich zweifach gebackenes Brot in über hundert verschiedenen Variationen anbiete und nenne diese Filialen „ZWIEBUCKS".

12. November 2002

Mit dem Auto zum TÜV gefahren. Prüfer findet 14 gravierende Mängel. Er drückt mir eine Mängelliste in die Hand mit der eindringlichen Bitte zur Abarbeitung und schickt mich nach Hause.

15. November 2002

Im Lotto gewonnen!!! Hatte im Mittwochs-Lotto zwei Richtige! Ich arbeite weiter ...

16. November 2002

Mein Auto mit Hilfe der Mängelliste für die TÜV-Abnahme vorbereitet. Nicht, dass ich irgendwas repariert hätte. Ich hab einfach an jedem der 14 Mängel in akribischer Kleinarbeit nen 10ner deponiert ... Plakette, ich komme.

12. Mai 2003

Das Katzenfutter ist ausgegangen. Weiß gar nicht, was ich die nächsten Tage essen soll. Werd wohl später zum REWE gehn, Dosenbier und TicTacs kaufen.

36. Mai 2003

Dieses Datum gibt es nicht.

04. Juni 2003

Zum Einwohnermeldeamt gegangen und meinen Namen ändern lassen. „Randolf" gefiel mir dann doch nicht mehr. Außerdem stand ich schon immer irgendwie auf Doppelnamen. Heiße nun „Beta-Max".

15. Juni 2003

Hab mir überlegt, Klavier spielen zu lernen. Beschließe, einen Konzertflügel zunächst zu leihen und rufe bei Red Bull an. Nach 20 Minuten lege ich mit den Worten „Nein, nein. Sie verstehen MICH NICHT!" auf.

20. August 2003

Hab meinem Meerschweinchen beigebracht, Schuhe zu putzen. Hab es von innen an die Haustür genagelt und streife meine Schuhe dran ab. Klappt super.

17. September 2003

Während einer Routineuntersuchung bei meinem Kumpel Robert wurde überraschend Unfruchtbarkeit festgestellt. An dieser Stelle „Herzlichen Glückwunsch" an den dreifachen Vater seiner Kinder.

5. Oktober 2003

Mittagspause! Ich bin dran mit Holen. Jan-Alexander möchte etwas ohne Fleisch. Bringe für alle Döner mit, nur Jan-Alexander bekommt etwas ohne Fleisch. Einen Stuhl.

8. Oktober 2003

Merkwürdig. Bei McDonalds gewesen. Emo mit Happy Meal gesehen.

14. Oktober 2003

Beginne heute mit meiner zweiten Diät. Von einer alleine werd ich einfach nicht satt.

24. Dezember 2003

Alles Gute zum Geburtstag, Jesus. Habe folgende Geschenke bekommen:
– Einen Brief von Vater, in dem er mir schreibt, dass er sehr sehr stolz ist, weil ich sein Sohn bin.
– Einen Brief von Mutter, in dem sie mir schreibt, dass mein Vater gar nicht mein leiblicher Vater ist.
– Von Oma einen Umschlag mit 300 Euro in großen Scheinen. Ich bin reich!
– Von den Stadtwerken eine Benachrichtigung wegen einer fälligen Nachzahlung über 300 Euro. Scheiß-Reichtum!

03. März 2004

Beim Dortmunder Flughafen angerufen. Die Dame am Telefon sagt mir, dass ein Flug von Dortmund-Applerbeck nach [STADT]-Innenstadt nicht machbar sei. Beginne mit dem Bau eines Katapultes, um diese These zu widerlegen.

23. April 2004

Hab mich dazu durchgerungen, mich endlich mal meinem Hund zu widmen. Nach 3 Wochen fängt so'n totes Vieh echt an zu stinken.

28. April 2004

Katapult fertiggestellt! Für die ersten Testreihen verwende ich die Tiere aus der Nachbarschaft. Ich locke sie in mein Katapult und feuere sie Richtung [STADT] ab. Aus den Nachrichten erfahre ich dann immer, wo Katzen und Hunde vom Himmel gefallen sind und justiere entsprechend nach.

14. August 1976

Zeitmaschine ausgeliehen. Komm damit noch nicht so richtig zurecht. Mir war vorgestern total schlecht von der Pizza, die ich heute esse. Dabei wollte ich die erst morgen bestellen! Verrückt!

In die Zukunft gereist und einen Blick in den [DATUM] gewagt.

Da steht ein Typ in [STADT] auf der Bühne und liest mein Tagebuch vor. Und sobald er den letzten Satz gelesen hat, schnapp ich ihn mir und wenn ich ihn erwische, dann ...

Es sind die Kleinen Dinge im Leben,
die nicht besonders groß sind.

Kunst, Kultur und Schizophrenie

„HEUTE HAB ICH EIN BILD GEMALT!"

Ja, ich bin nun Künstler. Maler. In einem Atemzug zu nennen mit Picasso, Dalí und Zecke Neuendorf.

Zeigen tut mein Bild das Weltall, viele Sterne, einen Meteoriten, den Pluto mit der Mickey Maus.

Jetzt fragt sich der Profi wie der Laie: „Was zur Hölle machen Mickey Maus und Pluto im Weltall?"

Mickey Maus im All ist mit viel künstlerischem Verständnis als Symbol für den überglobalen Marketing-Erfolg der Disney-Company zu verstehen und PLUTO WAR MAL EIN PLANET?!?! HALLO!? Na, wenn der mal nicht ins Weltall gehört.

„DAS IST KUNST, IHR KONSUMLUMPEN!", höre ich mich am Telefon sagen, als Reaktion darauf, dass bereits das vierte Auktionshaus mein Kunstwerk abgelehnt hat. Das deprimiert einen schon sehr. Ok. Nicht so sehr, als dass ich mir jetzt ein Ohr abschneiden müsste, aber die Lust zu malen vergeht einem da schon.

„HEUTE HAB ICH EIN THEATERSTÜCK GESCHRIEBEN!"

Juchuu! Jetzt bin ich sogar besser als Picasso, Dalí und Neuendorf. Bild gemalt UND Theaterstück geschrieben. Hah!

Es trägt einen ehrwürdigen Titel, über den man noch lange reden wird.

Dieser lautet: „EIN TAG IM LEBEN DER TEENAGE MUTANT NINJA TURTLES".

In der Hauptrolle: Frank Zander als alle vier Turtles.

Worum geht es?! Die Geschichte ist simpel.

Die Ninja Turtles holen auf der Abendschule ihr Abitur nach und verdienen sich nebenher ein kleines Taschengeld mit Verbrechensbekämpfung und als Laiendarsteller in Tierpornos, bis sie durch Lord Voldemord gestoppt und verschleppt, aber von Chuck Norris gerettet werden. Ein Theaterstück, das Seinesgleichen sucht. Eine packende Story mit einer gelungenen Mischung aus Action, Thriller, Drama, Love Story, Sex und rhythmischer Sportgymnastik. Eine Darbietung, die unter die Haut geht. Ein Feuerwerk für Augen und Ohren. JEDOCH...

Kein Schauspielhaus wollte dieses Meisterstück aufführen.

Zudem hatte Frank Zander keine Lust, sich permanent von RAPHAEL in DONATELLO in MICHELANGELO in LEONARDO umzuziehen und das, weil die vier in einer Szene ein 12-Minuten-Gespräch führen.

Chuck Norris hatte aber schon zugesagt. COWABUNGA!

„ICH HAB EINE ANZEIGE AM ARSCH!"

Picasso, Dalí und Zecke Neuendorf können einpacken. Ich habe eine Anzeige erstattet... gegen mich... ich war halt echt sauer ... auf mich.

ICH war es nämlich, der mein Auto kaputtgemacht hat. Volle vier Stunden hatte es gedauert und die Karre hatte mehr Ähnlichkeit mit einem Teller Gyros als mit einem Auto.

Ich habe es nachts gemacht. HEIMLICH!

Als ich es am nächsten Morgen NICHTSAHNEND sah, schrie ich mich an:

„DU HAST MEIN AUTO GETÖTET! SEIN ÖL KLEBT AN DEINEN HÄNDEN!"

Dann streichelte ich den Klumpen Schrott mit den Worten: „Du bist nun im Autohimmel. Dort, wo das Benzin in Strömen fließt und alle Ampeln immer auf grün stehen.

Fahr zum Licht, mein Kleiner ... fahr zum Licht."

Heute Mittag lagen zwei Vorladungen für die Gerichtsverhandlung in der Post.

Ich habe gute Anwälte. Vor denen hab ich jetzt schon Angst.

Ich könnte zu meiner Verteidigung ja immer noch sagen, dass das Auto nicht kaputt ist, sondern vielmehr Kunst und damit nun mehr wert als vorher.

Aber davon haben die ja alle keine Ahnung ... von Kunst, Kultur und Schizophrenie.

Ich hab die drei Dinge, die Frauen wollen. Ich bin scharf und ich bin clever.

Der Tag der großen Party

Mein Mitbewohner Orlando und ich veranstalten heute eine Party, die schon seit Längerem als eine Art Einweihungsfete für unsere WG dienen soll.

Es ist Punkt 8 und die ersten Gäste trudeln ein. Den Anfang macht Uschi. Unser Hund Jim ist völlig aufgedreht und kläfft wie verrückt, bis ich zu ihm sage: Jim Belushi nicht so an.

„Du bist ja pitschnass", sagt Orlando. „Eben hat es doch nur genieselt oder hat sich das Wetter so sehr verschlechtert?"

„Och joa", antwortet Uschi, „Ma' Blitz, Madonna."
Uschi hat Gastgeschenke dabei. Ich bekomme eine Flasche Likör und Orlando Bloom.

Da kommt auch schon Tom in einer langen Kutte das Treppenhaus hoch. Ich sag zu ihm: „Tom Hanks Deinen Mantel hierhin?" und zeige auf die Garderobe.

„Sag mal, Walt Disney nicht noch kommen?", frage ich ihn. „Ich hab versucht, den anzurufen, aber er war wohl Sean Penn."

Ab jetzt kommen im Minutentakt die Leute an, die Party füllt sich und die Stimmung steigt.

„Jetzt ist es Zeit für Jägermeister", denk ich. „Owen Wilson Schnaps?" frag ich. Er nickt. „Will Smith auch einen?"
Smith antwortet: „Klar, gerne! Was ist denn mit Mel?" Worauf ich sage: „Niemals! Mel Gibson Schnaps und dann kotzt der hier alles voll!"

Ich will in die Küche, das Gesöff holen, da sagt Bruce zu mir, dass er Hunger hätte. „Naja", sag ich. „Vielleicht Brad

Pitt Dir ja was Leckeres."

Das war schon etwas gehässig, allerdings schuldete Bruce mir ja auch noch 200 Euro.

In der Küche angekommen sehe ich Robert, der gerade Sushi isst. Ich wusste ja, dass er Fisch mag, aber, dachte ich, immer gebacken oder gebraten, weil sonst isst Robert DeNiro.

„Mit genügend Würze geht alles", sagt Robert. Klar, der hat da soviel Pfeffer draufgeknallt, da musste sogar Liam Neeson.

Er fragt mich, ob ich sein letztes Sushi haben wollte.

„Nein danke", winke ich ab. „Aber ich glaube, Bruce Willis!"

Ich gehe zurück, verteile den Schnaps unter die Leute und alle waren zufrieden. Nur Charlie Sheen gelangweilt. Wahrscheinlich, weil Tim Allen-lang braucht, um die Hauptstädte aller amerikanischen Bundesstaaten aufzuzählen.

Ich frage Tim: „Hast Du schon Washington?" Er schüttelt mit dem Kopf. „Tja", sag ich, „Denzel Washington mal dazu."

In dem Moment kommt Bruce aus der Küche gestürmt. „Ich wollte gerade zugreifen, da schnappt sich Julia Roberts' letztes Sushi." Shit happens.

Bald schon ist der Schnaps alle und ich schicke Orlando zur Tanke, um Nachschub zu besorgen.

„Von was willst Du das denn bezahlen?" fragt er. Ich sage „Na, von dem Geld, dass ich Bruce Lee."

In einem abgedunkelten Raum schaut Cameron Diaz vom letzten Urlaub. Auf einmal schreit sie auf: „Huch! Mit wem knutsch ich denn da?!?!"

„Mann, warst Du besoffen", sag ich zu ihr „Das weißt Du nicht mehr? Das war doch James, Cameron."

Ich frische noch ein paar Minuten mit ihr alte Erinnerungen auf und dann fand ich, es war Zeit für Kartentricks!

Jones steht zusammen mit Catherine im Wohnzimmer.

Ich hole ein Kartendeck und gehe zu den beiden.

„So", sag ich, "Ihr nehmt Euch jetzt eine Karte, merkt sie Euch und steckt sie wieder in den Stapel zurück."

Catherine Zeta-Jones sich umgedreht hatte. Eine Person weniger, vor der es mir peinlich war, dass der Trick nicht funktioniert hat.

Die Party hingegen ist ein voller Erfolg. Nachdem alle Gäste weg sind, hilft Sigourney noch beim Aufräumen und sagt: „Ich glaub, ich geh jetzt auch endlich ins Bette Midler weile ist es schon spät."

Ich antworte: „Wie wahr, Sigourney Weaver."

Die Tiere

Du dummer Hund. Du doofe Kuh. Falsche Schlange. Blöde Sau. Dreckige Ratte. Rindvieh. Trampeltier.

Was maßen wir Menschen uns eigentlich an!? Wir teilen unsere Tierwelt auf, in gute und schlechte Tiere. Oder anders gesagt: Einige Tiere taugen zum Schimpfwort und andere wiederum nicht.

Wir sagen „schlauer Fuchs“ und „dummer Affe“. Wieso?

Ich habe letztens eine Doku gesehen, in der Affen einem Geschicklichkeits- und Intelligenztest unterzogen wurden. Die haben sich da echt ganz gut geschlagen.

Also, ich kenne Leute, die hätten da schlechter abgeschnitten.

Das hab ich schon früh erkannt. Damals in der Schule. Da hab ich dem Lehrer eine knifflige Frage gestellt, aber der hatte sofort eine gute Antwort parat, worauf ich zu ihm sagte: „Na Sie sind mir ja ein schlauer Affe!“ Ja ... Drei DIN-A-4-Seiten Strafarbeit hab ich mir damit eingehandelt.

Und „schlauer Fuchs“ stimmt ja jetzt auch nicht ganz. Oder habt ihr schon mal nen Schimpansen am Straßenrand liegen sehen, der kurz vorher von einem Kombi plattgefahren wurde?!

Mit dieser These schlagen wir ja gleich ZWEI Fliegen mit einer Klappe. Denn SOOO flink scheint das flinke Reh ja auch nicht zu sein.

Und was hat es auf sich mit dem „schwarzen Schaf“??? „Du bist das schwarze Schaf.“

Was soll mir das sagen? Ich bin der Death-Metaller unter den Schafen? Oder so eine Art Gothic-Schaf?

Was ist denn der Unterschied zum weißen Schaf? Die Farbe.

Und jetzt sagt nicht, dass Schwarz und Weiß keine Farben sind.

Wikipedia sagt:

Jede Kombination von Anregungen der drei Zapfenarten durch Licht-Strahlung, die auf die Netzhaut trifft, bewirkt einen spezifischen Farbeindruck. Somit sind auch Schwarz (keinerlei Anregung), Neutralgrau (gleiche Anregung) und Weiß (volle Anregung aller drei Zapfensorten) ebenfalls Farben, die klassifizierend als unbunte Farben bezeichnet werden.

Soweit Wikipedia.

Demnach sind sowohl weiße als auch schwarze Schafe beides unbunte Schafe. Jawoll!

Das verbindet sie doch.

Und wenn ich mich auf dem Wave-Gothik-Treffen oder auf dem Wacken Open Air-Festival umschaue, dürften gerade schwarze Schafe mit ihrer schwarzen Wolle gar nicht so unbeliebt sein!

Schwarze Schafe sind eben total „TRUE"!!!

Oder was ist mit „Aus ner Mücke nen Elefanten machen"?

Die Mücke ... unbedeutend und harmlos? Der Elefant ... nervtötend und ein großes Problem?

WOHL KAUM! Oder wurdet ihr schon mal von einem Elefanten gestochen? Nachts. Ich noch nicht!

Und wie hab ich mir das vorzustellen?

Du liegst im Bett und kannst nicht einschlafen, denn dauernd schwirrt Dir ein Elefant im Gesicht herum und das nur, weil Du vergessen hast, das Elefantengitter vors Fenster zu machen.

Es werden Fliegengitter produziert.

Und was können wir noch im Geschäft kaufen?

MarderSCHRECK und HamsterRÄDER. Warum nicht andersherum?

Und warum kann ich nirgendwo Maulwurf-Futter kaufen?

Oder Katzenklatschen?

Bitte? Gute Idee? Tja, da kommste zu spät. Hab ich schon ein Patent drauf.

Wie gemein wir auch immer mit Tieren im Sprachgebrauch umgehen, sind wir doch froh über jedes weitere Familienmitglied.

Sei es „Felix", der Kater oder „Karlchen", das Meerschweinchen oder „Rocky", der Hund. Eine Bereicherung sind sie doch allemal.

Außerdem gibt es ja immer noch „süßer Spatz" oder „süße Maus", und ich bin mir sicher, viele Männer wären nicht böse drum, wenn sie von der einen oder anderen Person weiblichen Geschlechts als „geile Sau" bezeichnet würden.

Ich kaufe, weil ich Tomaten mag,
Tomatenmark.

Wut im Bauch

Wir verschwenden soviel Zeit.
Wir verwenden soviel Zeit für Dinge, die es einfach nicht wert sind.

Zeit, die wir nicht haben.
Zeit, die wir schlicht, sagen wir, wegwerfen und die nicht wiederkommt.

Für unwichtige Personen verschwendet,
die für nun wichtige Personen fehlt und die Dir niemand wiedergibt.

Viel Kraft aufgewendet.
Viel Herz drauf verschwendet, ein guter Mensch zu sein. Doch für wen denn bitte?!

Für Menschen, deren Willen das nicht kratzt.
An menschenleere Hüllen verprasst, um am Ende DOCH der Arsch zu sein?

Eine Menge Vertrauen entgegengebracht.
Eine enge Bindung zu bauen hat im Endeffekt nichts gebracht. Und das Leben sagt zu Dir: „Selbst Schuld! Du lernst es einfach nicht ..."

Konzentrierst Dich auf den Dreck.
Konfrontierst Leute damit, zum Zweck der Einsicht, dass sie einen Fehler gemacht und Dich unfair behandelt haben! Aber das ist Perlen vor die Säue werfen.

Lass sie links liegen.
Und Hass zu zeigen bringt's nie, denn das wäre wieder Zeit und Kraft, hergegeben für die falsche Sache.

Große Reden bringen es irgendwie auch nicht.
Wörter verschlingen wieder nur unnötig Kraft, Zeit, ja und in diesem Fall sogar Sauerstoff. Und den brauchst Du doch noch.

Für das Leben.
Würd das neben Sauerstoff nicht auch noch Zeit und Kraft kosten, dann könntest Du Dich solchen widmen. Doch so nicht.

Du hängst Dich rein,
und die lenken nicht ein, weil sie denken, Du willst im Mittelpunkt stehen oder Deinen Stolz nicht verletzt sehen. An Deine Bemühungen, die Sache zu klären und Freundschaften retten zu wollen, denken sie nicht mal.

Man sollte gut überlegen, AN WEN man seine Zeit vergibt,
AN WEN man seine Kraft vergibt
und AN WEN man sein Vertrauen vergibt.
Und wenn's nach hinten losgeht, pfeif auf diese Leute und sing ein Lied.

Oder schreib ein Gedicht mit fiesen Kraftausdrücken.
Auf einem Niveau, wonach sich selbst die Leute, über die Du da dichtest, bücken.

Schreib mit Wut im Bauch.
Schreib sie gut, und auch, wenn Du denkst: „Diese Wörter benutze ich doch nie!",
schreib sie hin! Es gibt keine Regeln in der Poesie.

So seine Zeit verbringen.
Einfach mal das Stiftchen schwingen. Einfach den Frust von der Seele schreiben. Drei Seiten lang.

Schreib von Geschlechtsteilen und Übelkeit und solchen Dingen,
dann könnte das durchaus SO klingen:

WENN ICH DICH SEH, DU DUMME F***E,
DANN TRIFFT IM STRAHL DICH MEINE KOTZE.

Du denkst, Du hast Dich dann blamiert?
Du denkst, das Von-der-Seele-schreiben hat bei Dir nicht funktioniert? Du fühlst Dich nicht besser?
Eine Garantie dafür kann Dir niemand geben.

Der Versuch ist es aber wert!
Und wenn Dich das, was Andere über Dich denken, schert, dann vergeude weiter Kraft, Zeit und Vertrauen. Wenn Du es zu verschenken hast ... bitte.

Doch in dem Fall, verlasse diese Hallen
und hör' auf, Leuten große Reden an den Kopf zu knallen, denn Du vergeudest den Sauerstoff ... von uns allen.

Der einzige natürliche Feind
des Menschen ist Klebeband.

FahrradText

Ich bin ein Landei. Das ist so. Da gibt es auch nichts zu deuten. Das heißt natürlich, dass ich meine eigene Sicht der Dinge habe und manches, was in der Stadt durchaus normal ist, bringt mich ins Staunen.

Dass IN der Stadt alles anders ist, erlebt man in Münster. (Ok. Manche sagen auch, Münster sei keine Stadt, sondern ein einziger Campus. Aber gut.)

Beispielsweise haben wir bei uns auf dem Dorf drei Zigarettenautomaten. Und das reicht auch völlig aus. Im HBF Münster finden sich alleine schon sechs Stellen, an denen man sich mit mannigfaltigen Tabakwaren eindecken kann. Eine Menge Input für einen Dorfler.

Ein anderes Beispiel. Bei uns kommt samstags ein Brötchentaxi, das einem bei Wind und Wetter die Backwaren, eiskalt und durchnässt, vor der Tür deponiert. Im Bahnhof Münster gibt es mehr Backwarenproduzenten und entsprechende Läden, als in der gesamten westlichen Sahara.

Ein letztes Beispiel drängt sich gerade noch auf: Der Volksmund sagt, auf dem Land seien alle Naturburschen und Umweltengel. HAH! Von mir bis zum nächsten Lebensmittelladen sind es 8 km, und die mit dem Fahrrad fahren? Um sich vielleicht einen Apfel zu kaufen? Im Leben nicht! Oder mal eben zum Bahnhof, 12 km mit dem Fahrrad? Bei Regen, Hagel, Nebel oder Schnee? Ganz sicher nicht.

Kurzum: Radfahrer sind bei uns eben eine gefährdete Spezies. Im Sommer werden etliche durch Überbreite

Mähdrescher einfach von der Straße gefegt, im Winter kann man sie kaum erkennen, und allzu oft werden sie mit scheuem Rotwild verwechselt. Und was macht das geneigte, autofahrende Landei in diesem Fall?? Genau! Lenkrad fest in der Hand und draufhalten. Man kennt den Förster vom Revier. Ein Anruf und die Sache ist gegessen. Im wahrsten Sinne des Wortes.

Wie man sieht, sind Radfahrer bemitleidenswerte Geschöpfe, die dringend unsere Hilfe benötigen. Mögen sie noch so elegant auf ihren polierten majestätischen Draht ... nicht nur Eseln ... nein ... PFERDEN dahergeradelt kommen. Diese Recken des Straßenverkehrs, wie sie allen Widrigkeiten der StVO, Autos, Bussen und so weiter trotzen und sich dem täglichen Kampf ums Überleben freiwillig und selbstlos aussetzen! Samurai auf Ihren Kampfdrachen, todesmutig, wie die Helden von einst. Das einzige Dopingmittel ist täglicher Adrenalinschub.

Ich hatte bis vor Kurzem ein Poster überm Bett, das einen Radfahrer verklärt und souverän auf einem Gehweg zeigt, der einem kleinen Kind über die Straße hilft.

Herrlich. Ausgeglichen. Friedlich.

Und dann kam ich nach Münster. Ich gehe aus dem Bahnhof heraus und freu mich auf das, was der Tag wohl bringen mag.

Da rast so ein gottverdammter Harakiri-Pilot, den Mund voll weißem Schaum, die Augen aufs Dreifache angeschwollen, wutentbrannt und mit gefletschten Zähnen in mörderischer Absicht voll auf mich zu, verfehlte mich um Haaresbreite und tönt hämisch im Vorbeifahren „Runter vom Radweg!"

Dieses Pack!! Selbst die Hölle hat diese Missgeburten wieder auf die Erde gekotzt. Wie sie dämonisch und in selbstmörderischer Absicht um sich wüten, ist selbst dem Teufel zuviel.

Um sich dieser wahnsinnigen Ansammlung von morbiden und geisteskranken Attentätern endgültig zu entledigen, wurde in Münster eine Art Gorleben für den dämonischen, grenzdebilen, elendigen, genetischen Sondermüll der Finsternis eingerichtet.

Vor Nichts und Niemandem machen sie Halt auf Ihren apokalyptischen Stahlrössern.

Die 10 ägyptischen Plagen – ein Kinderkarneval im Vergleich zu diesen Fahrradnazis. Alle Verkehrsknotenpunkte haben sie eingenommen. Erst waren es nur die Radwege – seit Anbeginn der Zeit ihr Hoheitsgebiet – dann haben sie nach und nach alle Fußgänger von den Trottoirs der Stadt vertrieben. Mit Todesschwadronen, die den roten Khmer in nichts nachstehen.

Mittlerweile ist es gesünder, mit verbundenen Augen zur Rush Hour durchs Kamener Kreuz zu laufen, als einen Radweg auch nur ansatzweise zu berühren. Es sei denn, man denkt ernsthaft über Suizid nach.

Jetzt, wo auch die Straßen voll sind von den albtraumhaften Gestalten aus der Halbwelt, haben sie nun auch den Puls der Stadt in Ihrer Gewalt. Den normalen Auto- und Linienverkehr.

Die Kreuzungen, oder das, was davon übrig blieb, gleichen ausgetrockneten, verzerrten Kadavern. Die Todeszone – einst die belebte Fußgängerzone der Stadt – nur noch eine Radschnellstraße direkt in die ewige Verdammnis.

Jeder, der sich ohne Rad fortbewegt, ist lebensmüde. Wird man erwischt, ist das Rädern nur das Harmloseste, was einem angetan wird.

Mittlerweile haben sie sogar den Bahnhof besetzt. Jeder, der lebend hier raus will, wird für alle Zeiten mit seiner Seele an ein Fahrrad geschweißt.

Eins weiß ich: Ich muss diesem Treiben ein Ende setzen. Es ist meine heilige Pflicht, den Dschihad gegen dieses Höllenchorps auszurufen und den Bürgerinnen und Bürgern wieder ein Leben ohne Angst und Schrecken zu ermöglichen.

Ausrotten werde ich diese Brut, und wenn es das Letzte ist, was ich tue. Ich werde sie unterwandern, aushöhlen, von innen zersetzen.

Gleich morgen kaufe ich mir ein Fahrrad.

Bewusstlosigkeit

„Hmmm ... Pizza ...", denke ich, kurz bevor ich einschlafe.

Totmüde, aber hungrig hab ich mich ins Bett fallen lassen. Ein paar Minuten dauert es, bis ich endgültig für heute die Augen schließe.

Ein paar Minuten, die ich gedanklich in eine Welt abdrifte, die von Teig, Tomatensoße und Käse dominiert wird. Dann schlafe ich ein.

Bald schon finde ich mich in einer Pizzeria wieder.

Zwei junge, vollbusige Italienerinnen bereiten mir offensichtlich gerade eine Pizza Funghi in der Größe Supermaxi zu. NACKT!

Eine der beiden zwinkert mir zu. Ich stehe auf und strecke meine Hände aus, um ihre monströsen Brüste zu kneten. So wie sie gerade den Teig meiner Pizza Funghi.

In diesem Moment betritt Danny DeVito, anscheinend der Vater der beiden Schwestern, mit einer doppelläufigen Schrotflinte die Pizzeria, sieht mich, wie ich gerade Hand an Teilen seiner Tochter anlege, zielt und drückt ab.

Bewusstlos sinke ich zu Boden.

Als ich aufwache, sitze ich hinter einem Pult vor einer Tafel und unterrichte gerade die 8a der Prinz-Marcus-von-Anhalt-Gesamtschule in [HASS-STADT]. Fach: Biologie.

Ich bringe den Schülern gerade bei, dass nur ein einziger Biss eines ausgewachsenen Pferdes für eine Honigbiene tödlich sein kann, als Paul Schockemöhle den Klassenraum betritt und meine Unterrichtsmethoden anprangert.

Es entsteht ein hitziger Streit darüber, welches die gefährlichsten Wildtiere Europas sind. Seine These besagt, dass es Pferde sind, meine These plädiert klar für Labrador-Welpen.

Der Streit mündet in Handgreiflichkeiten, bis mich der Klassensprecher der 8a, Erich Honnecker, mit einer Januar-Ausgabe der InTouch von hinten K.O. schlägt.

Bewusstlos sinke ich abermals zu Boden.

Als ich wieder zu mir komme, finde ich mich in einem Kiosk wieder und unterhalte mich mit dem Kioskbesitzer, der mir irgendwie bekannt vorkommt.

Ich sage: "Guten Tag, ich hätte gern zwei Flaschen Glühwein."

„Gern. Wieviel Watt?", fragt mich Muammar al-Gaddafi, der sich offensichtlich mit diesem Kiosk hier in New York eine neue Identität erschaffen hat.

Auf einmal platzen zwei Gestalten mit Sturmgewehren in den Kiosk. Es sind Papst Benedikt und Captain Planet. Der Papst brüllt mit vorgehaltener Waffe: „LOS! MÜCKEN RAUS ODER ES KNALLT!"

In diesem Moment lässt Gaddafi sein Gewand fallen und ein Sprengstoffgürtel kommt zum Vorschein!

Er brüllt zurück: „VERPISST EUCH ODER ES KNALLT!"

Keine 4 Sekunden später höre ich eine Stimme durch ein Megafon brüllen: „WIR HABEN DAS GEBÄUDE UMSTELLT! KOMMT MIT ERHOBENEN HÄNDEN RAUS ODER ES KNALLT!"

Mit der Erkenntnis, dass es IN JEDEM FALL knallen wird, setze ich eine Flasche Glühwein an und sacke nach knapp 2/3 der Flasche bewusstlos zusammen.

Ich wache auf oder vielmehr: Ich werde geweckt. „Hey.", sagt eine Stimme. „Was ist los? Ist Dir das zu langweilig?"

Ich schaue mich um. Ich bin bei meinem Nachbarn auf dem Sofa. Wir schauen gerade DVD. Er sagt: „Also, ich kann das auch ausmachen, wenn Du das nicht witzig findest."

Ich blicke zum Fernseher. Es läuft MARIO BARTH. Sofort beschließe ich, wieder einzuschlafen. Meine Träume sind zwar genauso geschmacklos, sexistisch und überdreht wie Mario Barth, aber wenigstens lustig ...

Wie klingt eigentlich ein Dialog
zwischen R2D2 und Chewbacca ...?

Das Tagebuch des Luke Skywalker

PROLOG

Dieses Tagebuch wurde vor langer, langer Zeit in einer weit, weit entfernten Galaxis geschrieben. Vor langer, langer Zeit heißt jetzt nicht gestern oder vorgestern, sondern vor „Manometer, das ist jetzt aber mal wirklich ganz schön lange her-Zeit" – also ungefähr in den 80ern. Und mit weit, weit entfernt ist auch nicht so eine Entfernung wie z.B. von Köln nach Bonn gemeint, sondern „echt super verdammt nochmal ist das weit weg"– entfernt. Mindestens 25 Parsec.

Tag 652

Heute von meiner T-16 aus Wump-Ratten abgeknallt. Tante Bero findet das gar nicht gut, aber es ist totlangweilig!

Hier gibt's zwei Sonnen und keine Weiber! Mit irgendwas muss man sich ja die Zeit vertreiben.

Tag 699

Heute von den Javas ne Schaufensterpuppe und nen Mülleimer gekauft, bis sich herausstellte, dass die Schaufensterpuppe in einer Tour quasselt, der Mülleimer mir auf Schritt und Tritt folgt und schrill pfeift, aber wenigstens Pornos abspielt.

Tag 704

Heute hat Han Chewie aus der WG geworfen. Dauernd

ist das Shampoo alle und ständig ist der Abfluss mit Haaren verstopft.

Und das Einzige, was Chewie bisher dazu sagte, war: [Wookie-Brüllen].

Tag 014

Gerade ne heiße Nummer mit Leya im Rasenden Falken geschoben. Wenn Han davon erfährt, bringt er mich um.

Da verwette ich meine rechte Hand drauf.

Tag 935

Wieder was gelernt. Ich dachte ja, ein EWOK wäre eine elektrische Bratpfanne für Nudeln. E-WOK eben.

Ab heute weiß ich, er ist so eine Art „bewaffneter Glücksbärchi".

Tag 1109

Mein Erspartes in ein Grundstück auf Alderan investiert. Wenn nichts dazwischen kommt, mache in dort ne Bar auf.

Tag 1110

EXPLODIEREN? ... Ein ... ein Planet kann explodieren ... -_- Na toll ... Grundstück futsch, Geld futsch und die Pläne mit der Bar kann ich auch auf Eis legen ...

Tag 1236

Gerade erfahren, dass Darth Vader mein Vater ist und poste das bei facebook. 7 Leuten gefällt das.

Tag 1340

Einkaufen geflogen. Zum REWE. Dem Rebellen-Ewoks-Wookie-Einkaufsparadies.

Hab von jedem etwas aufgeschrieben bekommen, was ich mitbringen soll:

– 2 Flaschen Shampoo / empfindliches Haar für Leya

– 70 Flaschen Shampoo / schnell-fettendes Haar für Chewie
– Die komplette 2. DVD-Staffel GOLDEN GIRLS für 3PO
– zwei 4 GB-RAM-Bausteine für R2
– Die neueste Ausgabe des Metal Hammer und die ACDC-Single „Back in Black“ für Papa
– Die Filme „Airforce One“ und „Indiana Jones 1-4“ für Han

Tag 1459

Heute in den Wald gegangen, um Ewoks einzufangen. Morgen ist Ü30-Party auf Endor, und wer einen Ewok mitbringt, kommt umsonst rein.

Tag 1560

Security am Eingang lässt uns trotz Ewok unterm Arm nicht rein. Setze eine spezielle Jedi-Fähigkeit ein, um doch reinzukommen.

Hab ihm mit meinem Laserschwert den Kopf abgeschlagen. Das können nur Jedi.

Tag 1623

Gerade erfahren, dass Leya und ich Geschwister sind. Wenn Papa von der heißen Nummer im Rasenden Falken hört, bringt er mich um. Da verwette ich meine rechte ...

Ok ... dann eben meine LINKE Hand!

Tag 1670

Mit Jedi-Kräften in die Zukunft geschaut.
Der Imperator wird mich fragen, ob ich nicht auf die dunkle Seite der Macht überlaufen möchte. Lege mir folgenden Plan zurecht: Ich sage „NEIN“ und strecke ihn mit meinem Laserschwert nieder. Oder besser noch, der Coolness wegen: Ich strecke ihn mit meinem Laserschwert nieder und sage dann: „NEIN“!

Tag 1804

Karnevalsfete auf Dantuin. Ich war Captain Kirk. Kam nicht so gut an.

Das beste Kostüm wurde prämiert.

Chewie hatte keine Lust sich zu verkleiden ... hat aber trotzdem gewonnen.

Tag 1912

Heute werde ich mein Tagebuch mit einer Kapsel in eine weit, weit entfernte Galaxis schicken. Vielleicht bekommt es jemand in die Finger und kann was draus machen.

Randnotiz Februar 77

Habe gerade dieses Tagebuch gefunden. Lässt sich bestimmt was draus machen.

gez.
George

Der Freizeitpark

Punkt 7:00 Uhr

Aufstehen. Heute gehts ab zum Freizeitpark!
Papa hat, um Zeit zu sparen, die Karten per Internet reserviert, bereits gestern den Wagen beladen, die Nacht in seinen Klamotten geschlafen und sogar gestern Abend vorm Schlafengehen schon mal gefrühstückt.

7:30 Uhr

Mama, mein 5 Jahre alter Bruder Manfred-Pascal und ich sitzen im Auto und warten auf Papa. Der verbringt noch ein paar Minuten im Bad, da er gestern in der Eile vergessen hatte, schon mal zu duschen.

Kevin von nebenan ist auch schon auf. Er kommt ans Auto und meint, Freizeitparks wären was für Weicheier und wir sollten doch lieber mal zum Paintball oder zur Kartbahn.

8:00 Uhr

Papa ist fertig. ABFAHRT ZUM FREIZEITPARK!

Punkt 9:00 Uhr

Ankunft am Parkplatz. Sind ja extra früh aufgestanden, um möglichst nah am Eingang parken zu können.

DIE IDEE hatten aber wohl noch ein paar Andere.

Stellen also das Auto auf V-17 ab und machen uns auf die Wanderung zum Haupteingang.

9:15 Uhr

Lange Schlangen an den Kassen am Haupteingang. Aber es nützt ja alles nichts und wir stellen uns hinten an.

Kurz bevor wir dran sind, fällt Papa auf, dass er das Geld im Auto vergessen hat.

Papa läuft zurück zum Auto.

10:45 Uhr

Papa ist endlich wieder da. Er hat den Wagen nicht direkt gefunden. Er wusste noch, dass wir ziemlich weit hinten standen, aber eben nicht GENAU wo, also hat er sich jeweils in die Mitte von den Parkplätzen Z, Y, X, W und V gestellt, dann mit der Fernbedienung versucht, das Auto auf und zu zu machen und dabei gerufen: „Passaat, Passaaaaaat!"

11:00 Uhr

Endlich drin.

11:05 Uhr

Erste Prügelei mit dem Maskottchen. Wie Papa diesem Parkangestellten im Froschkostüm die Fresse poliert, sieht irgendwie aus wie der Kampf King Kong gegen Godzilla.

12:30 Uhr

Mittagszeit. Pommes mit Mayo, HotDog und einen Milch Shake zu mir genommen.

12:45 Uhr

HELLDRIVE-Achterbahn macht ihrem Namen alle Ehre. Es geht nach links, rechts, rauf, runter, über Kopf, „Hallo Essen!“

Bereits in der vorletzten Kurve der ersten Runde weiß nun auch mein Hintermann, was ich 15 Minuten zuvor gegessen hab.

13:00 Uhr

Stehen vor der Geisterbahn und wollen da rein. Manfred-Pascal fürchtet sich und fängt an zu weinen. Mama beruhigt ihn, indem sie ihm erklärt, dass der dicke, hässliche Mann hinter dem Getränkestand nichts mit der Geisterbahn zu tun hat.

13:12 Uhr

Sind in der Geisterbahn.

Mama und mein Bruder in EINEM Wagen und ich mit Papa in einem ANDEREN.

Mama hat ihre wahre Mühe, Manfred-Pascal im Wagen zu halten, weil er dauernd mit den niedlichen Gespenstern kuscheln will, wie er sagt.

In einem unachtsamen Moment von Mama schafft es Manfred-Pascal dann doch, zu entwischen, rennt auf eines der Geister zu und knuddelt es ab. Mama rennt hinterher.

13:13 Uhr

Papa findet es im Großen und Ganzen ziemlich langweilig. Plötzlich schreit er auf und bekommt vor Schreck übles Kammerflimmern!!! Es dauert einige Sekunden, bis er erkennt, dass es sich bei den Geistern, vor denen er sich erschreckt hatte, um Mama und Manfred-Pascal handelt.

13:14 Uhr

Papa holt seine Zigaretten raus, um sich auf den Schreck erstmal eine zu rauchen. Noch in der Geisterbahn. Als schlagartig ein schrilles Geräusch durch die Geisterbahn dringt.

Der Feueralarm.

Papa drückt die Zigarette aus. Die Wagen stoppen. Die Lichter gehen an und wir werden von einem Mitarbeiter ins Freie geleitet.

Papa steckt einem kleinem Mädchen die ausgedrückte Zigarette zu, zeigt mit ausgestrecktem Arm auf sie und sagt laut: „Die hier! Die hier war's!".

14:30 Uhr

Hab wieder Hunger. Esse Zuckerwatte und einen Cheeseburger. Spüle das Ganze mit O-Saft runter.

14:45 Uhr

Auf in die Wildwasserbahn, die in diesem Park nicht „Wildwasserbahn" heißt, sondern „WASSERFÄLLE DER TOTALITÄREN VERNICHTUNG"!

Es geht laaaaangsam hoch und schnell wieder runter und laaaagsam hoch und schnell wieder runter und wieder laaaangsam hoch und schnell runter.

Mir ist ziemlich übel. FOTO!!!

14:50 Uhr

Endlich ist die Fahrt zu Ende. Erst fährt der Wildwasser-Einbaum mit Mama, Papa, Manfred-Pascal und mir ein, knapp dahinter eine halbverdaute Melange aus Zuckerwatte, Cheeseburger und O-Saft. Wie die dahin gekommen ist, sieht man deutlich auf dem Foto mit der Nummer 329, welches gerade von völlig fremden Menschen zahlreich gekauft wird.

Ab hier

Keine besonderen Vorkommnisse. Bis …

17:00 Uhr

Der Tag neigt sich dem Ende zu.
Wollen zu Parkplatz V-17, als Papa uns stolz sagt, er habe, als er nochmal zum Auto gegangen ist, um Geld zu holen, das Auto in die Nähe vom Eingang umgeparkt. Doch als wir dort ankommen, steht dort kein Auto.

17:10 Uhr

An der Parkinformation sagt man uns, dass der Wagen weggeschleppt werden MUSSTE, weil es in der Geisterbahn einen Brandalarm gab und Papa mit dem Auto die Feuerwehrzufahrt zugeparkt hatte.

Wir kommen nicht mehr nach Hause und müssen wohl eine Nacht hier verbringen.

Da aber alle Hotels des Parks gnadenlos überbucht sind, hat der Parkmitarbeiter auch schon eine Lösung parat und gibt uns alles Notwendige dafür.

0:30 Uhr

Kann nicht einschlafen.

Ich bin es gewohnt, mein eigenes Zimmer zu haben und nicht mit Mama, Papa und meinem Bruder unter dem Looping einer Achterbahn in einem Zelt zu schlafen.

Werde dann doch müde und denke noch: „Tja, Kevin. Freizeitparks sind eben doch nichts für Weicheier."

Mach es doch mal anders

//this is a text for the broken hearted//

** Darum sag ich**

//Mach es doch mal anders!//

--Spring doch mal aus einem Fluss, statt von der Brücke!--
Mach das Licht aus, wenn es dunkel wird!
--Dreh die Musik bis zum Anschlag, wenn die Nachbarn sich beschweren!--
Kauf eine Urne mit den Worten, die Vase ist hübsch, die nehme ich.
--Stell Deinen Fön auf Saugen!--
Schmier dir Brot auf die Marmelade.
--Mach Deinen Einkaufswagen randvoll, und wenn die Kassiererin alles über den Scanner gezogen hat, verlasse wortlos den Laden!--
Dreh Star Wars neu und lass das Imperium gewinnen.
--Sprich während der Fahrt mit dem Busfahrer!--

//Mach es doch mal anders!//

--Fahr ins Autokino und stell dich in die erste Reihe, mit einem Doppeldeckerbus.--
--Setze beim Roulette alles auf Rot und juble nur, wenn Schwarz kommt.--
Wenn du angerufen wirst, geh ran und sag: „Der Hotbutton hat zugeschlagen. Wer ist in der Leitung?"
--Geh als Amisch verkleidet in ein Elektrofachgeschäft und frag nach dem größten 3D-Fernseher.--

Kaufe in einem Baumarkt eine Taschenlampe, eine Brechstange, eine Sturmhaube und frag den Kassierer beim Bezahlen nach den Öffnungszeiten!
--Versenk die schwarze 8 beim Billard zuerst!--

//Mach es doch mal anders!//

--Wasch dir die Haare mit Schampoo, aber ohne Wasser.--
Fahr Schlangenlinien, aber mit der Straßenbahn oder entgleise auf gerader Strecke!
--Nimm eintausend 5-Cent-Stücke mit, mach dir den Einkaufswagen für 50 Euro voll und verkünde an der Kasse gut hörbar, dass Du es passend hast! --
Sage allen Leuten, die Du ab heute kennenlernst, Du hättest an einem ganz anderen Tag Geburtstag, lade diese Leute an diesem Tag ein und feiere zweimal Geburtstag!

//Mach es doch mal anders!//

Trink alkoholfreies Bier!
--Übe eine Feuerschlucker-Performance! Aber neben einer Zapfsäule!--
Besorg dir Sonnenbrille und Blindenstock, gehe zu einer Kinokasse und leg eine 3D-Brille auf den Tresen, mit den Worten: „Die ist wohl kaputt"!
--Betritt die Baustelle! Wenn Du erwischt wirst, zeige wahllos auf ein Ehepaar, das für Dich haften wird!--

//Mach es doch mal anders!//

--Spare Geld und geh nur noch einmal die Woche einkaufen. Sonntags!--
**Wenn dein Nachbar in Urlaub fährt und du auf sein Haus aufpasst, behaupte bei seiner Rückkehr, du hast da schon immer gewohnt. Und sage: „Und jetzt verlassen Sie mein

Haus!“**
--Nenn deine Kinder Chantalle. Auch die Jungs.--

//Mach es doch mal anders!//

Setz dich in die Achterbahn und brüll gleich nach der ersten Kurve: „Ich glaub ich muss kotzen!“
Mach eine Kreuzfahrt und schreib auf jedes Rettungsboot mit roter Farbe: „Defekt!“
Ruf bei Ferrari an und frag nach Extras wie Tempomat oder Anhängerkupplung! Die werden Dich nicht verstehen.
--Ruf beim Radio und sage: „Ich wünsche mir für meine Schwiegermutter, die zur Zeit im Krankenhaus liegt, Ich&Ich: „So soll es sein. So kann es bleiben!“--

//This is a text for the broken hearted//

Vergiss doch einfach die blöde Ex!
--Den blöden Ex!--

//Und verlieb Dich neu!//

Und Du wirst sehen:

//ES WIRD ALLES ANDERS!//

Mach es doch mal anders

Es wird alles anders!

Meister Yoda

Ich weiß noch. Damals. Ich.
Ein kleiner Junge, der keine Ahnung hatte von der Liebe. Der Liebe zu einer Frau.

So unwissend. Kein Wissen darüber, was er verpasst. So viel Schönes.

Aber der kleine Junge wurde auch verschont. Von jenen Dingen, die die Liebe mit sich bringt, wenn sie nicht mehr ist.

Im Laufe der Zeit wird dem kleinen Jungen klar, dass Liebe nicht nur aus Umarmen und Küssen besteht.

Heute bin ich erwachsen. Das glaube ich jedenfalls.

Heute weiß ich, dass die Liebe noch mehr bereithält als Geborgenheit, Begehren, Küssen und Sex.

Die sprichwörtliche „zweite Seite der Medaille". Die Trennung.

Eine Trennung ist schmerzhaft und dieser Schmerz misst sich nicht an der Dauer der Beziehung oder an der gemeinsam verbrachten Zeit, an Verlobung und Hochzeit. Er misst sich an der Liebe.

Je intensiver die Liebe, desto größer der Schmerz.

Aber Du kannst Veränderungen nicht aufhalten. Genauso, wie Du die Sonne nicht daran hindern kannst, unterzugehen. – Das wusste auch schon Yoda.

Man empfindet tiefe Trauer. Und man fürchtet sich. Man fürchtet sich davor, was noch kommt. Denn für den Verlassenen ist die Welt, die einst voller Liebe war, nur noch ein schwarzes Loch. Und in schwarzen Löchern ist bekanntlich ... nichts.

Man fürchtet sich. Furcht führt zu Wut, Wut führt zu

Hass, Hass führt zu unsäglichem Leid. – Das wusste auch schon Yoda.

Und gerade, wenn es Dir besser geht und der Schmerz überwunden scheint, bekommst Du gesagt, was Du nicht hören wolltest, aber eben nicht ändern kannst: „Schon gehört? Sie hat jetzt nen Neuen."

Ja. Das hast Du schon gehört, dutzende, hunderte Male. In Deinem Kopf, während Du Dir genau diese Situation vorgestellt hast, um darauf vorbereitet zu sein. Vorbereitet auf das, was eben unweigerlich passieren würde. Mich traf es wie ein Schlag.

Und das schwarze Loch schluckt mit einem Mal mein Licht am Ende des Tunnels. Und anstatt zu kämpfen, lasse ich mich ins Dunkle fallen.

Ist die dunkle Seite stärker? Nein ... nein ... Schneller, leichter, verführerischer. – Das wusste auch schon Yoda.

Und da sehe ich ihn wieder vor mir. Den kleinen Jungen. Und beneide ihn, weil er doch so keine Ahnung hat von Trennung und Schmerz.

Aber der kleine Junge hat doch auch keine Ahnung von der Liebe.

UND DANN PASSIERT ES PLÖTZLICH DOCH!

Der Drang, ans Licht zu kommen. Der Schlag gegen das schwarze Loch. Der Kampf gegen die dunkle Seite. Die Eingebung, dass da doch noch was ist, wovor man sich NICHT fürchten muss ... Die Liebe!

Die Zukunft ist doch noch nicht geschrieben. Schau nach vorn! Vergiss nicht Deine vergangenen Lieben, aber vergiss die Trauer, die Wut und den Schmerz. Deine Zukunft liegt in Deinen Händen.

„In ständiger Bewegung die Zukunft ist."* – Das wusste auch schon Yoda.

*aus: Star Wars: Episode IV – Eine neue Hoffnung

Bio (Auto)

+++*** ... biographischer Abriss des bisher Abgelebten – in Folge der Vitalität des Ausfertigenden verständlicherweise noch unvollständig und am Ende daher offen ... ***+++

Matthias Marschalt war einmal der jüngste Mensch der Erde, als er bei seiner Geburt am 13. Januar 1982 um Punkt 3:56 Uhr in Werl, Westfalen das Licht der Welt erblickte, und lebt von da an bis heute, soviel ist sicher.

Nach bereits sechs Jahren folgt der erste Schulbesuch, der sich – dank Vertragsverlängerungen wegen Mathe und Chemie – bis zum einundzwanzigsten Lebensjahr hinzieht. Die anschließende Speditionskaufmannslehre wird durch den Prüfer mit den Worten „Herr Marschalt ... Ich lasse Sie heute mal bestehen, wenn Sie mir versprechen, in diesem Beruf nicht Fuß zu fassen" auf gewisse Art und Weise veredelt und durch eine Karriere als Soldat ersetzt, zu beider Frommen.

Mit seinen blutjungen 31 Jahren (zum Zeitpunkt des Druckes), von denen er über 7 Jahre mit Poetry Slams zu füllen wusste, liegt er zwar über dem Altersdurchschnitt der Slammer-Szene, hat aber noch TÜV bis November.

Als angehender professioneller Sprecher liegt ihm das Reden, welches sich unter Einfluss von vornehmlich Irischem Whiskey durchaus potenzieren kann.

Er fährt gern Auto, steht ungern im Stau, steht auf Royal Republic, Metallica sowie ACDC, liebt das Mikrofon, die Bühne, die Slams und hat mehr Filme gesehen, als ihm gut getan hätten. Er mag Autos. Er mag Rockmusik noch mehr als Autos. Er mag Poetry Slams noch mehr als Autos und

Rockmusik. Er mag Filmzitate noch mehr als Autos, Rockmusik und Poetry Slams.

Alles Weitere dann gerne mündlich, so Ihr denn wollt.

Nachworte

von Michel Pauwels.. Bielefeld

Klasse: Slammer
Ordnung: Werler Verbalakrobat
Familie: hat er
Gattung: auch
Art: „Das ist doch keine Art und Weise", sagte ein x-beliebiger Mann an einem x-beliebigen Tag über einen x-beliebigen Text, und Maschi gab zur Antwort: „Stimmt! Das ist Kunst."

Merkmale:

Er ist ein Unikat und erreicht eine Größe von 177 cm. Manchmal.

Verbreitung:

Er slammt auf NRW-Slams, im Team bei der deutschsprachigen Meisterschaft 2013 und ist überhaupt auf ganz vielen Slam- und Kleinkunstbühnen in der gesamten Bundesrepublik anzutreffen. Manchmal.

Lebensweise:

Er reist nie ohne seinen Ukulelen-Koffer. Keinem Wissenschaftler ist es bisher gelungen, einen Blick in diesen Koffer zu werfen. Daher ranken sich um dieses Utensil wilde Spekulationen und Theorien. Manche Wissenschaftler gehen davon aus, dass er in diesem Koffer eine Ukulele aufbewahrt. Andere meinen, er würde darin ein Maschinengewehr transportieren und wieder andere glauben, dass er darin eine Pizza Vier-Jahreszeiten mit Triple-Cheese verstaue. Die wildeste Spekulation besagt sogar, dass er in diesem Koffer eine lebensgroße Handpuppe von Darth Vader mit sich führt.

Jedoch weiß man nichts Genaues nicht, was diesen mysteriösen Koffer angeht.

Fest steht allerdings, dass er seine Slamtexte nicht darin mit sich herum schlürt. Die steckt er, wie jeder gescheite Slammer, immer in die linke hintere Hosentasche.

Zumindest manchmal.

Michel Pauwels, Slammer aus Bielefeld

Ode an Maschi

von Achim Acho Leufker, Rheine

Der erste Satz ist immer der Schwierigste. So, geschafft, das war er gerade.

Nachdem ich gebeten wurde, ein paar Dinge über Matthias „Maschi" Marschalt, einen der größten lebenden Bühnenkünstler unserer Zeit und des gesamten freien Universums, zu schreiben, fühlte ich mich sehr geehrt. Aber wo fängt man an und was sollte unbedingt gesagt werden über einen Mann, der wie kein Zweiter für den Begriff „betreutes Lesen" steht, einen Mann, der endlich mal so aussieht wie sein Passfoto, und nicht zuletzt über einen Wortakrobaten, dem wir Wortschöpfungen wie: Joe-Cocker-Spaniel, Schlag-Baum-Schule, Regen-Gott-Schalk, Bruce-Springsteen-Ager, Hinweis-Schild-Bürger, Styro-Porno, Photovoltaig-Tasche, Klima-Wandel-Halle, Brems-Weg-Gefährte zu verdanken haben?!

In seiner Jugend litt Maschi jedoch zunächst an Hippopotamomonstrosesquipedaliophobie, also an der Angst vor langen Wörtern. Zur Heilung dieser Phobie und gleichsam zur Vorbeugung gegen die bei Slammern oft auftretende Logorrhoe – dem Sprechdurchfall, besuchte er schon in jungen Jahren hilfreiche Weiterbildungen. Beispielhaft seien hier die VHS-Kurse „Leseschwäche als Chance" und „Lesen wird durch Text erst schön" genannt. Diese brachten ihn dann schnell dazu, seine eigenen gestammelten Werke endlich auch öffentlich vorzutragen. Der Name des ersten Bühnenprogramms lautete: „Keiner hatte was zu lachen – war das ein Spaß". Danach wurden Bühne und Skier für ihn die Bretter, die die Welt bedeuten. Sobald heute nur jemand sagt: „The stage is yours", macht der die Bühne mit sich selbst voll. Er gibt hier frei heraus zu: „Ich will, dass sich alles um mich dreht – notfalls unter Zuhilfenahme von Alkohol." Diese Offenheit und die ein oder andere Lokalrunde machten ihn dann beim Publikum auch so beliebt. So wurde ich vor diesem Hintergrund in der Vergangenheit oft gefragt ... genauer gesagt, wurde ich eher selten gefragt ... und wenn ich ganz ehrlich bin, wurde ich eigentlich nie gefragt, warum Maschi bei so vielen Gelegenheiten, ganz ohne Androhung von Folter, Texte vorträgt. Ich bin dankbar für diese nie gestellte Frage, die ich natürlich hier und jetzt gerne unbeantwortet lassen will.

Die entscheidende Frage jedenfalls, die Maschi fortan bis in die Gegenwart immer wieder beschäftigte, ist, was er bei einem Slam nun eigentlich vorlesen soll und wie lange sich ein Publikum das bieten lässt. Es gibt schließlich Themen, da denkt er, wenn ich damit anfange, denkt das Publikum, jetzt fängt der auch noch damit an. Seine Ideen holt er sich nicht selten in örtlichen Themenparks und hängt sich darauf beim Schreiben stundenlang rein und strengt sich an und dann fehlt am Ende doch dieses letzte Quäntchen, diese letzten 98 Prozent. Und ruckzuck ist er dann inhaltlich schon mal näher an Hakle Feucht als an Thomas Mann. Der Anspruch an seine Texte ist, dass sie jedenfalls immer so gut sein sollen, dass das Diktiergerät in der Tasche vor Begeisterung von ganz alleine anspringt, aber gleichzeitig schon Hinweise auf die zu erwartende geistige Umnachtung des Schöpfers geben. Zu seinen berühmtesten Arbeiten gehört beispielsweise die Novelle „Charlotte-Roche-Fanclub ist ein denkbar unglücklicher Name für eine Death-Metal-Band". Hier werden in jedem Wort Mut und Zuversicht besser auf den Punkt formuliert als bei einem chinesischen Glückskeks. Das ist Poesie im

High-End-Bereich – das Thema nicht zu umfassend gewählt, Aussage und Umfang im perfekten Gleichgewicht. Wobei Maschi insbesondere den Umfang eines Werkes häufig überschätzte. Ein früher Versuch seinerseits umfasste weit über 700 Seiten – bestand aber nur aus einem einzigen, immer wiederkehrenden Buchstaben, da er nachts mit dem Gesicht auf der Tastatur eingeschlafen war. Doch was sind seine Texte ohne seine einzigartige Vortragskunst? Jedem Zuhörer, dem es schon einmal vergönnt war, einem von Maschis einzigartigen Auftritten beizuwohnen, wurde sofort klar, dass dieser Slammer doch recht übersichtlich talentiert, und sein Wortschatz mit rudimentär eher euphemistisch umschrieben ist und ein Poetry-Slam-Wettbewerb außerdem erst durch seinen Beitrag den Namen „Ausscheidung" wirklich verdient. Jeder, der ihn kennt, kommt wie von selbst zu der Erkenntnis, dass es nicht genügt, keinen Gedanken zu haben, man muss auch unfähig sein, ihn auszudrücken.

Abschließend bleibt festzuhalten, das Matthias „Maschi" Marschalt fraglos ein Meister seines Faches ist, der uns in der Vergangenheit viel Freude bereitet hat und der aus der Welt des gesprochenen Wortes nicht mehr wegzudenken ist. So bleibt mir nur zu sagen: Danke, lieber Maschi und alles Gute! (Dieser Text wurde durch Produktplatzierungen finanziert).

Achim Leufker, Slammer aus Rheine

Klappentext

von Hank Zerbo, Wuppertal

Matthias „Maschi" Marschalt. Poetry Slammer, Perfmance-Künstler, Frauenflüsterer, und mit seinem Trompetenkoffer augenscheinlicher Musiker. Wahrscheinlich ist genau das die Begründung für seinen Schmiss bei Frauen. Das, und sein Z4.

Allerdings wäre es Unrecht, ihn nur darauf zu reduzieren. Der Maschi, den ich kenne, ist ein begnadeter Wortakrobat. Im expandierendsten aller Sinne. Er schreibt nicht, er arrangiert. Er liest nicht, er performt. Und das mit einer Stimme, die ihm als Synchronsprecher für Filme der erotischeren Art die Brieftasche so anschwellen lassen könnte, dass es ihm den Cord zerreißen würde.

Stattdessen inszeniert er Texte. Wie diese hier.

Ach ja. Und er trägt Hut. Genau wie ich. Sympathischer Kerl, dieser „Maschi".

Hank Zerbolesch, Poetry Slammer aus Wuppertal

Was fuer ein Buch!

Torsten Sträter
Autor, Kabarettist und Slam-Poet

Junge, energetische, hochkomische Literatur, die nicht nur zum Zoobesuch einlädt, sondern in allen Lebenslagen weiter hilft. Matthias Marschalt ist gut für lesende Menschen. Und für die anderen auch.

Dagmar Schönleber
Kabarettistin, Autorin, Comedy-Darstellerin

Danksagungen

Mein erster Dank geht zunächst an Kathy Mertzmann, Stefan Borgmann und Dennis „Kalle" Grabowski.

Weiterer Dank geht an die Slamily. Im Speziellen zu erwähnen wären da:
Andreas Weber, Lasse Samström, Achim Leufker, Michel Pauwels und Luigi Aiello.

Zum Schluss danke ich meiner Familie, insbesondere meinem lieben Bruda-Hertz – das menschgewordene Ladegerät für meinen Motivations-Akku –, der mich stets unermüdlich unterstützt.

Matthias Marschalt, im November 2013

Drube, Yves / Rodríguez, Luduing

poesía del paraíso infernal

poemas y fotografía de la república dominicana

978-3-943292-05-3, chiliverlag 2013, EUR 11,90

Dieser wunderschöne Fotoband auf hochwertigem Papier dokumentiert eine andere **Dominikanische Republik**, als wir sie aus Touristenkatalogen kennen. **Yves Drube** inszeniert und zelebriert Menschen des täglichen Lebens in aussagekräftigen Szenerien und erhebt sie allesamt zum Mittelpunkt seiner Fotokunst. Diese zeigt trotz gesellschaftlicher Schattenseiten die innere und äußere Schönheit der dominkanischen Menschen und der Natur.

Luduing Rodríguez dichtet gegen Ungerechtigkeit, Ungleichbehandlung und Missachtung der Menschenwürde an. Seine eindringlichen und aufrührerischen Verse richten sich an u.a. an die dominkanische Frau und geben ihr Rückendeckung und Schützenhilfe im Bestreben nach sozialer Anerkennung. Gleichzeitig sind besonders seine Liebesgedichte von schlichter Schönheit und ergreifender Melancholie.

Das Sonett lebt!

Es spricht für das Sonett, dass selbst einige Musiker zu den Dichtern dieser Anthologie zählen. Mit einem Vorwort von Alex Dreppec und Coverfotos von Svenja Leopold. www.svenjamusic.de

Ein Wendebuch mit zwei Anfängen

Grimann, Adam / Röchter, Franziska

bis ans ende der zeiten. amen / sie ist ne domina, 38 Farbbilder von Adam Grimann mit Texten vom Abschiednehmen und Weitermachen von Franziska Röchter, 978-3-943292-06-0, chiliverlag 2013, EUR 13,90

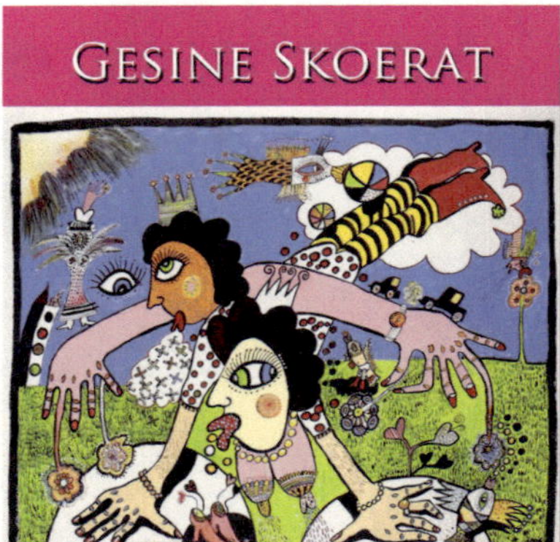

Satirische Geschichten über Männer, Frauen und andere Desaster (chiliverlag, 2013), 978-3-943292-08-4, EUR 14,90